संजीव कपूर का

सलाद

संजीव कपूर का

सलाद

अल्योना कपूर के सहयोग से

पॉप्युलर प्रकाशन
www.popularprakashan.com

राजपाल

खाना खज़ाना पब्लिकेशन्स प्रा. लि. के लिए
पॉप्युलर प्रकाशन प्रा. लि. द्वारा प्रकाशित
पॉप्युलर प्रकाशन प्रा. लि.
३०१, महालक्ष्मी चेंबर्स
२२, भुलाभाई देसाई रोड
मुंबई ४०० ०२६

प्रथम प्रकाशन २००८
प्रथम पुनर्मुद्रण २०११

ISBN : 978-81-7028-970-8

छायाचित्र - भरत भिरंगी
रूपरेखा - ऑलरिच एण्टरप्रायझेस
अनुवाद - श्रीमती माधवी देशपांडे

मुद्रण
रेव इंडिया
ए-२७, नारायणा इंडस्ट्रियल एरिया
फेज़-२, नई दिल्ली - ११० ०२८

सह-प्रकाशक
राजपाल एण्ड सन्ज़
कश्मीरी गेट, दिल्ली - ११०००६
website: www.rajpalpublishing.com
e-mail : mail@rajpalpublishing.com

समर्पण

"मेरे दर्शकों को समर्पित, जिनके लिये ज़िन्दगी
एक सलाद के बाउल जैसी ही ताजी,
शीतल, रंगीली और उचित मात्रा में स्वाद और
गंध लिये हुए मस्ती भरी है...."

लेखक की कलम से

सलाद किसी भी समय खा सकते हैं। फलों से भरा एक बाउल आपके दिन की एक ताजी व स्फूर्तिदायक शुरुआत करता है। नाश्ते का समय सलाद खाने का सबसे उपयुक्त समय है। दोपहर के भोजन में सलाद खाने से आलस और सुस्ती दूर होती है। रात के खाने में यदि सलाद का समावेश हो या पूरा खाना ही सलाद से हो तो क्या कहने!

सलाद हम खाने की शुरुआत में भी खा सकते हैं और खाना खाने के पश्चात् भी खा सकते हैं। खाने के बीच में ताजा सलाद खाने से हमारे स्वाद तंतु साफ हो जाते हैं, जिससे हम बाद में खाये जानेवाले व्यंजनों का पूरा स्वाद ले पाते हैं। हलका, ताजा हरा सलाद भूख मिटाने का बेहतरीन तरीका है। हेवी-सलाद दिनभर की व्यस्तता में भी हमें चुस्त और उत्साही रखता है। पोषक तत्त्वों से भरपूर व प्रोटीन से समृद्ध सलाद एक संपूर्ण (आदर्श) आहार है।

इस किताब में मैंने हर वक्त, हर अवसर और मन की हर अवस्था के अनुकूल सलाद की पाककृतियों को प्रस्तुत किया है। इसमें रोज खाया जानेवाला सलाद भी है और खास आयोजनों पर बनाया जानेवाला सजावटी सलाद भी। गरम सलाद, ठंडा सलाद, शाकाहारी और मांसाहारी सलाद तथा भोजन का बेहतरीन विकल्प बने सलाद का भी इसमें समावेश है। सलाद चाहे किसी भी तरह का हो, मैंने इनमें तीन तत्त्वों-रंग, ताजापन तथा ठंडक का बहुत ध्यान रखा है जो आदर्श सलाद के लिए आवश्यक है।

आदर्श सलाद बनाने के लिये कुछ आवश्यक सुझाव निम्नानुसार हैं।

- सलाद बनाने की सारी सामग्री ताजी और उच्च गुणवत्ता की हो।
- सलाद में प्रयुक्त फल, सब्जियाँ तथा पत्तेदार सब्जियाँ दागरहित, कडी और पकी हुई हों।
- सलाद को आकर्षक बनाने के लिये विविध रंगों के फलों तथा सब्जियों का उपयोग करें।
- सलाद बनाने से पहले फल तथा सब्जियाँ ठंडी कर लें। सलाद बनाने के बाद उसे भी ठंडा कर लें।
- रेफ्रिजरेटर में रखने से पहले हरी पत्तेदार सब्जियाँ धो लें। डंठल काटकर इन सब्जियों को बहते पानी के नीचे उल्टा करके पकड़ें। फिर कपडे की सहायता से सुखा लें और प्लास्टिक की थैली में डालकर रेफ्रिजरेटर में रख दें।
- हरी पत्तेदार सब्जियों को पानी में डुबाकर भी रखा जा सकता है, ताकि मिट्टी और अन्य अशुद्धियाँ नीचे बैठ जायें। कुछ देर बाद हलके से पत्तों को पानी से बाहर निकालें और जब वो पूरी तरह सूख जाये तब रेफ्रिजरेटर में रख दें।
- सलाद बनाने के लिए गहरे हरे रंग वाली पत्तेदार सब्जियाँ जैसे पालक और सलाद के पत्तों का उपयोग करें क्योंकि इन सब्जियों में काफी विटामिन होते हैं।
- सभी सब्जियों को आसानी से खाने लायक टुकड़ों में काटें।
- हरी पत्तेदार सब्जियों को चाकू से न काटें, बल्कि हाथों से तोड़कर खाने लायक टुकड़ें कर लें।
- सलाद बनाने से पहले यदि सब्जियों तथा पत्तेदार सब्जियों को कुछ देर तक बर्फ के पानी में डुबाकर रखा जाये तो सलाद काफी देर तक करारा और ताजा रह सकता है।

- सलाद में यदि पकी सब्जियाँ इस्तेमाल करनी हों तो इन्हें अधिक न पकाएँ ताकि वे करारी बनी रहें।
- सेब, केले, नाशपती तथा एवोकाडो को काटने के पश्चात उन पर नींबू का रस छिड़क दें ताकि वे काले न पड़े।
- सर्व्हिंग बाउल या सलाद की प्लेटों को भी ठंडा कर लें ताकि उनमें रखा सलाद काफी देर तक करारा बना रहे।
- पास्ता सलाद के लिये पास्ता *आलडेन्टे* (पका हो परंतु दांत से काटने पर सख्त लगे) होना चाहिए अन्यथा ड्रेसिंग मिलाने पर पास्ता गीला और चिपचिपा हो जायेगा।
- सलाद में यदि लम्बे नूडल्स का उपयोग करना हो तो पकाने के बाद नूडल्स को अच्छी तरह धो लें ताकि उनका स्टार्च पूरी तरह निकल जाये और वे आपस में चिपके नहीं।
- आलू के सलाद को और भी स्वादिष्ट बनाने के लिये उबले गर्म आलुओं को विनाग्रेट (सिरके और तेल का मिश्रण) मिलाकर टॉस करें ताकि वे ड्रेसिंग को सोख लें। ठंडा होने पर रेफ्रिजरेटर में रखें।
- आलू के सलाद में बेबी पोटेटोज़ (छोटे आलू) का इस्तेमाल करें।
- परोसने के समय ही सलाद में टमाटर मिलायें ताकि सलाद गीला और चिपचिपा न हो।
- सलाद को और भी कुरकुरा और सुगंधित बनाने के लिये सेंके हुए बीजों और सूखे मेवों का उपयोग करें।
- सादे सलाद को मस्तीभरा और चटपटा बनाने के लिये तेज गंध वाले पदार्थ जैसे पिकल्ड घेरकिन, जैतून, पिकल्ड अनियन, एन्चोविस, पार्मेसन चीज़, बाल्सेमिक सिरका तथा तीखी सरसों का उपयोग करें।

- सलाद में पकाये हुए चिकन के टुकड़े, ठंडा गोश्त, झींगे या पनीर मिलाने पर यह संपूर्ण भोजन का विकल्प बन सकता है।
- बचे हुए खाने का उपयोग भी सलाद में भली-भाँति किया जा सकता है। पनीर, चिकन या गोश्त के टुकड़ों की तरी अलग कर इनके छोटे-छोटे टुकड़े काटकर सलाद में मिलाने से सलाद में अनोखा स्वाद आ जाता है।
- ड्रेसिंग में खट्टी मलाई की जगह दही का इस्तेमाल किया जा सकता है। ध्यान रहे कि यदि दही इस्तेमाल कर रहे हों तो सिरका व नींबू का उपयोग कम करें।
- कम वसायुक्त मेयोनीज़ ड्रेसिंग बनाने के लिये थोड़े से मेयोनीज़ के साथ फलों का रस, गूदा या गाढ़े दही का उपयोग करें।
- हरे सलाद के साथ फलों के ड्रेसिंग का उपयोग करें। इसे बनाने के लिये फलों के रस जैसे संतरा, आम या सेब के रस और मसाले के रूप में नमक, काली मिर्च और राई का उपयोग करें।
- सलाद में ड्रेसिंग की मात्रा बस इतनी हो कि वह सलाद को नमी और सुगंध प्रदान करे। आवश्यकतानुसार ड्रेसिंग साथ में परोसी जा सकती है।
- ड्रेसिंग को सलाद में मिलाने के लिये दो काँटो की सहायता से इसे टॉस करें। ड्रेसिंग को सलाद में घोले नहीं।
- सलाद और ड्रेसिंग को बड़े बाउल में मिलाएँ जिससे सारी सामग्री आपस में अच्छी तरह घुल-मिल सके और ड्रेसिंग की हलकी परत सलाद पर लग सके।

हेप्पी कुकिंग!

आभार

अनिल भंडारी

अनूपा दास

अफशीन पंजवानी

अश्विनी पटवर्धन

आनंद भंडीवाड

ऋतिका समतानी

कल्पना देशमुख

गजेन्द्र मुले

गणेश पेडणेकर

जयदीप चौबल

ज्योत्स्ना तथा मयूर द्विवेदी

तृप्ता भगतजी

तृप्ती काले

नम्रता तथा संजीव बहल

नीना मुर्डेश्वर

नीलिमा आचार्य

पूजा तथा राजीव कपूर

भारती आनंद

भारतेंदु शर्मा

महेन्द्र घाणेकर

मानजी मोरजकर

डॉ. मीना व राम प्रभू

राजीव मट्टा

रीटा डिसूज़ा

श्रीमती लता लोहाना तथा केप्टन के. के. लोहाना

लोहाना खानदान

विनायक गवांडे

वैशाली पारेख

सौरभ मिश्रा

स्मिता भटकल

हरपाल सिंग सोखी

विषय–सूची

लनचन सेलेड

३०० ग्राम हड्डीरहित चिकन के चौकोर टुकड़े, उबले हुए

२ लाल सेब

४ सेलरी के डंठल, कटे हुए

४ गहरे हरे रंग की ककड़ियाँ

१०० ग्राम प्रोसेस्ड चीज़, पट्टियों में कटा हुआ

३ बड़े चम्मच फ्रेंच ड्रेसिंग (पृष्ठ क्र. ९९)

१ कप मेयोनीज़ (पृष्ठ क्र. १०२)

१ लेटस हेड (सलाद के पत्ते) (ऐच्छिक)

५ लाल गोल रेडिश (ऐच्छिक)

- चिकन को कतरनों में काटकर अलग रख लें।
- सेब छीलकर उसे पतली फाँको में काट लें। दो कप पानी में थोड़ासा नमक डालकर फाँको को उसमें डुबोएँ। फिर पानी में से निकालकर अलग रख दें।
- सेलरी के दो इंच लंबे टुकड़े कर लें फिर इनकी पतली फाँके काटकर दो कप बर्फ के पानी में डुबाकर रखें। कुछ देर बाद निथार लें।
- दो कप बर्फ के पानी में ककड़ियाँ डुबाकर रखें। फिर उन्हे पोंछकर सुखायें तथा दो इंच लंबे टुकड़े कर लें। अब इन टुकड़ों की पतली पट्टियाँ कर लें।

- एक बाउल में सेब, सेलरी, ककड़ी, चिकन की कतरनें तथा चीज़ डालकर ऊपर से फ्रेंच ड्रेसिंग डालें तथा अच्छी तरह मिला लें।
- मेयोनीज़ डालकर अच्छी तरह मिला लें।
- सलाद के ठंडे बाउल में सलाद के पत्ते बिछाकर उस पर तैयार सलाद रखें। लाल रेडिश से बने फूलों से सजाकर तुरन्त परोसें।

शेफ का सुझाव

आप सेब की जगह उबले आलू के चौकोर टुकड़ों का भी उपयोग कर सकते हैं।

कॉर्न एण्ड एवोकाडो सेलेड

१० बेबी कॉर्न कॉब्स
१ बड़ा एवोकाडो
२ मध्यम आकार की हरी शिमला मिर्च, लंबी पट्टियों में कटी हुई
२ बड़े टमाटर, बीज निकाल कर लंबी पट्टियों में कटे हुए
२ मध्यम आकार की ककड़ियाँ, लंबी पट्टियों में कटी हुई

ड्रेसिंग

४ बड़े चम्मच शहद
१½ बड़ा चम्मच नींबू का रस
५-६ पुदीने की ताजी पत्तियाँ, तोडी हुई
५-६ काली मिर्च, कूटी हुई
नमक स्वादानुसार

- बेबी कॉर्न की लंबी पट्टियाँ काटकर उबलते पानी में ब्लांच कर लें, फिर पानी निथार लें।
- एवोकाडो को धीरे से छीलकर उसकी फाँके कर लें। सजावट के लिये कुछ फाँके अलग रख लें।
- ड्रेसिंग की सामग्री को एक बड़े बाउल में डालकर मिला लें।
- अब बाउल में सलाद की सामग्री डालकर अच्छी तरह मिला लें।
- सलाद को बीस से तीस मिनट तक रेफ्रिजरेटर में रखकर ठंडा कर लें।
- एवोकाडो की फाँको से सजाकर ठंडा ही परोसें।

शेफ का सुझाव

एवोकाडो की फाँको को काला पड़ने से बचाने के लिये इन पर नींबू का रस छिड़क दें।

ब्रेड एण्ड चीज़ सेलेड

४ एक दिन की बासी, ब्राउन ब्रेड के मोटे स्लाइस

२२५ ग्राम प्रोसेस्ड चीज़, चौकोर टुकड़े किए हुए

³/₄ कप गार्लिक ड्रेसिंग (नीचे देखें)

१ छोटा चम्मच कटी हुई ताजी थाइम

८ एक इंच लंबे सेलरी के टुकड़े, आड़ी फाँको में कटे हुए

४ बड़े टमाटर, लंबी फाँको में कटे हुए

सेलरी की पत्तियाँ, सजावट के लिये

- ब्रेड को पौने इंच के चौकोर टुकड़ो में काटकर एक बड़े से बाउल में रख लें।
- गार्लिक ड्रेसिंग में थाइम को अच्छी तरह मिलाकर ब्रेड के टुकडों पर डालें और मिला लें जिससे ड्रेसिंग ब्रेड के टुकड़ों पर अच्छी तरह लग जाये।
- अब इसमें सेलरी और टमाटर की फाँके डालकर हलके से मिला लें। फिर चीज़ डालकर मिलाएँ।
- सेलरी की पत्तियों से सजाकर तुरन्त परोसें।

गार्लिक ड्रेसिंग

एक बाउल में ६ बड़े चम्मच जैतून का तेल लेकर उसमें ३ ¹/₂ बड़े चम्मच नींबू का रस और १ छोटी कुचली हुई लहसुन की कली डाल दें। फिर थोडा सा नमक तथा ३ से ४ ताजी कूटी हुई काली मिर्च डालकर अच्छी तरह फेंट लें।

स्पिनच सेलेड विथ सॉर क्रीम

२ बंडल (४५० ग्राम) पालक के छोटे पत्ते

२ मध्यम आकार के टमाटर, फाँके की हुई

४-५ शतावरी के शीर्ष, ब्लांच करके १ इंच के टुकड़ों में कटे हुए

सॉर क्रीम ड्रेसिंग

१ कप गाढ़ी मलाई

२ बड़े चम्मच जैतून का तेल

१ बड़ा चम्मच नींबू का रस

नमक स्वादानुसार

७-८ काली मिर्च, ताजी कूटी हुई

१ छोटा चम्मच कटा हुआ प्याज

- पालक के पत्तों के डंठल तोड लें और पालक को कई बार पानी बदल कर धो लें। फिर निथार कर, किचन के तौलिये पर सूखाने के लिये फैला दें। सूखने पर पतली कतरनों में काट लें।
- एक बड़े से बाउल में पालक, टमाटर तथा शतावरी लेकर बीस मिनट तक उसे रेफ्रिजरेटर में रखकर ठंडा कर लें।
- सॉर क्रीम ड्रेसिंग बनाने के लिये मलाई को अच्छी तरह फेंटकर एकदम चिकना कर लें। फिर इसमें जैतून का तेल, नींबू का रस, नमक, काली मिर्च तथा प्याज मिला लें।
- पालक तथा अन्य सब्जियों पर ड्रेसिंग डालें और मिलाकर तुरन्त ही परोसें।

रशियन चिकन सेलेड

२ (प्रत्येक १५० ग्राम) हड्डीरहित चिकन ब्रेस्ट, उबाल कर काटे हुए

३ उबले हुए अंडे

४ मध्यम आकार के आलू, उबले हुए

१ मध्यम आकार का प्याज, १/२ इंच के टुकड़ों में कटा हुआ

६ सलाद के पत्ते, ठंडे किये हुए

२ मध्यम आकार के टमाटर, बीज निकाल कर १/२ इंच के टुकड़ों में कटे हुए

ड्रेसिंग

३/४ कप मेयोनीज़ (पृष्ठ क्र. १०२)

नमक स्वादानुसार

१ छोटा चम्मच सफेद मिर्च की पाउडर

- अंडे छीलकर उनकी लंबाई में आठ फाँके कर लें। आलू छीलकर उसके आधा इंच के चौकोर टुकड़े कर लें।
- एक बड़े बाउल में चिकन के टुकड़े, अंडो की फाँके, आलू और प्याज के टुकड़ों को एक साथ मिला लें।
- एक अलग छोटे बाउल में मेयोनीज़ लेकर उसमें नमक तथा सफेद मिर्च पाउडर अच्छी तरह मिला लें।
- इस ड्रेसिंग को चिकन के मिश्रण में डालकर अच्छी तरह मिला लें।
- एक बाउल में सलाद के पत्ते बिछाकर उन पर तैयार सलाद रखें और टमाटर के टुकड़ों से सजा दें। सलाद के बाउल को क्लिंग फिल्म से ढाँककर पच्चीस से तीस मिनट तक रेफ्रिजरेटर में रखकर ठंडा कर लें तथा ठंडा ही परोसें।

पीना कोलाडा सेलेड

२ ताजा अनानास की मोटी फाँके,
छोटे-छोटे टुकड़ों में कटी हुई
१/२ हरे नारियल का गूदा, पतली
फाँकों में कटा हुआ
१ मध्यम हरी शिमला मिर्च, छोटे-छोटे
टुकडों में कटी हुई
१/२ कप उबले हुए मटर के दाने
१ छोटा चम्मच रेड चिली फ्लेक्स

ड्रेसिंग

१/२ कप नारियल का दूध
३ बड़े चम्मच कद्दूकस किया हुआ
ताजा नारियल
१/४ कप गाढ़ा क्रीम
४ बड़े चम्मच अनानास का रस
नमक स्वादानुसार
काली मिर्च पाउडर स्वादानुसार

- सलाद के एक बड़े बाउल में अनानास, नारियल, शिमला मिर्च और मटर के दाने अच्छी तरह मिला लें।
- ड्रेसिंग की सामग्री को एक छोटे बाउल में अच्छी तरह मिला लें।
- परोसने के समय ड्रेसिंग को सलाद में डालकर अच्छी तरह मिला लें।
- रेड चिली फ्लेक्स छिडककर ठंडा ही परोसें।

शेफ का सुझाव

सलाद पेश करने के लिये यदि सलाद बाउल की जगह अनानास के खोल का उपयोग किया जाए तो यह अधिक आकर्षक लगेगा।

चिकपी एण्ड रेड केप्सिकम सेलेड

३ कप उबले हुए काबुली चने, पानी निकाला हुआ

२ लाल शिमला मिर्च, भूँजी हुई

१२ काले जैतून, गुठली निकाले हुए

१ बड़ा चम्मच कटी हुई ताजी पार्स्ली

ड्रेसिंग

२ बड़े चम्मच तेल

१ छोटा चम्मच कद्दूकस किया हुआ संतरे का छिलका

२ बड़े चम्मच संतरे का रस

२-३ लहसुन की कलियाँ, कुचली हुई

नमक स्वादानुसार

४-६ काली मिर्च के दाने, दरदरे कूटे हुए

- ड्रेसिंग की सारी सामग्री अच्छी तरह मिला लें।
- ड्रेसिंग में गरम काबुली चने डालकर अच्छी तरह मिला लें। फिर ठंडे होने के लिये अलग रख दें।
- शिमला मिर्च को छीलें और उसके दो टुकड़े कर लें। बीज निकाल कर पतली फाँके काट लें।
- शिमला मिर्च, जैतून तथा आधी पार्स्ली को काबुली चनों में डालकर भली-भाँति मिला लें।
- सर्व्हिंग प्लेट में सलाद को रखें तथा बची हुई पार्स्ली से सजा दें।

शेफ का सुझाव

भूँजी हुई शिमला मिर्च को आसानी से छीलने के लिये उसे कुछ मिनट तक प्लास्टिक की थैली में रख दें। भाप से छिलका ढीला पड़ जायेगा तथा आसानी से निकल जायेगा।

कोलेस्लो विथ कॉटेज चीज़

१ छोटी पत्तागोभी, पतली कतरनों में कटी हुई

२ मध्यम आकार की गाजर, कद्दूकस की हुई

१०० ग्राम पनीर, मसला हुआ

१/२ कप पानी निकाला हुआ दही

नमक स्वादानुसार

१/४ छोटा चम्मच राई की पाउडर

१/२ छोटा चम्मच सफेद मिर्च पाउडर

१/२ छोटा चम्मच चीनी

१/४ छोटा चम्मच शाही जीरा

१/२ कप दूध

१ बड़ा चम्मच नींबू का रस

१ मध्यम आकार का प्याज, कद्दूकस किया हुआ

- पनीर मसलकर इसमें दही, नमक, राई की पाउडर, सफेद मिर्च पाउडर, चीनी तथा शाही जीरा डालकर ब्लेंडर में एकदम महीन पीस लें। दूध मिलाकर फिर से पीस लें।
- एक बाउल में पत्तागोभी की कतरनें लेकर उसमें नमक, नींबू का रस तथा कद्दूकस की हुई गाजर डालकर अच्छी तरह मिला लें।
- कद्दूकस किए हुए प्याज को निचोड़ कर उसका पानी निकाल दें और प्याज सलाद में मिला लें।
- तैयार सलाद में पनीर का ड्रेसिंग डालकर अच्छी तरह मिला लें और तुरन्त परोसें।

स्पाइसी सॉसेज सेलेड

२०० ग्राम तीखे चिकन सॉसेज, स्लाइस किये हुए

½ बड़ा चम्मच जैतून का तेल

२ लहसुन की कलियाँ, फाँके की हुई

१ मध्यम आकार का प्याज, गोल छल्लों में कटा हुआ

१ छोटी लाल शिमला मिर्च, पट्टियों में कटी हुई

६-८ सलाद के पत्ते, हाथ से तोड़े हुए

नमक स्वादानुसार

६-८ काली मिर्च के दाने, ताजे कूटे हुए

३ हरे प्याज की पत्तियाँ, तिरछी कटी हुई

- एक पेन में जैतून का तेल गर्म करें। गर्म होने पर उसमें लहसुन डालकर भूरी होने तक भून लें।
- एक बड़े बाउल में सॉसेज, प्याज, शिमला मिर्च, सलाद के पत्ते, नमक तथा कूटी हुई काली मिर्च डालकर अच्छी तरह मिला लें।
- हरे प्याज की पत्तियों तथा भूनी हुई लहसुन से सजाकर तुरन्त परोसें।

स्पाइसी मेक्सिकन सेलेड

१ कप स्वीट कॉर्न के दाने, उबाले हुए
१ कप उबाला हुआ राजमा, पानी निकाला हुआ
१ छोटा प्याज, १/२ इंच के टुकडों में कटा हुआ
१ छोटी हरी शिमला मिर्च, १/२ इंच के टुकड़ों में कटी हुई
६ पके हुए चिकन सॉसेज, १/२ इंच के चौकोर टुकड़ों में कटे हुए
१ मुट्ठीभर टॉर्टिला चिप्स, चूरा की हुई

ड्रेसिंग

२ बड़े चम्मच चिली सॉस
१ बड़ा चम्मच टमेटो केचप
१ बड़ा चम्मच नींबू का रस
१ ताजी लाल मिर्च, पतली कतरनों में कटी हुई
चुटकी भर नमक

- एक बड़े से बाउल में स्वीट कॉर्न के दाने, राजमा, प्याज, शिमला मिर्च और सॉसेज लें और उन्हें हलके हाथों से मिला लें।
- ड्रेसिंग बनाने के लिये चिली सॉस, टमेटो केचप, नींबू का रस, लाल मिर्च तथा नमक एक छोटे बाउल में एकत्रकर अच्छी तरह मिला लें।
- परोसने से पहले सलाद पर ड्रेसिंग डालें तथा मिला लें।
- टॉर्टिला चिप्स डालकर खाने को दें।

पिकांट पटेटो सेलेड

७५० ग्राम छोटे आलू

नमक स्वादानुसार

ड्रेसिंग

३ बड़े चम्मच जैतून का तेल

१½ बड़ा चम्मच सफेद सिरका

७-८ काली मिर्च कूटी हुई

१ छोटा चम्मच इंग्लिश मस्टर्ड पेस्ट

२ पिकल्ड घेरकिन*, बारीक कटी हुई

१ बड़ा चम्मच कटी हुई ताजी पार्स्ली

- आलुओं को रगड़ कर साफ कर लें। फिर इन्हें धोकर उबलते हुए नमकीन पानी से भरे एक पेन में पन्द्रह से बीस मिनट तक या जरा नरम होने तक उबालें फिर निथार लें।
- इसी बीच ड्रेसिंग बना लें। एक छोटे बाउल में जैतून का तेल और सफेद सिरका डालकर उसमें स्वादानुसार नमक मिला लें। फिर कूटे हुए काली मिर्च, इंग्लिश मस्टर्ड पेस्ट, पिकल्ड घेरकिन और पार्स्ली मिला लें।
- एक बड़े से बाउल में गर्म आलू रखकर उन पर ड्रेसिंग उंडेलें तथा हलके हाथों से मिला लें ताकि आलुओं पर ड्रेसिंग की परत चढ़ जाये।
- बाहर ही ठंडा होने दें। उथली प्लेट में निकालकर परोसें।

* बाजार में बोतल बंद पिकल्ड घेरकिन तैयार मिलता है।

लेटस, गार्लिक एण्ड क्रूटॉन्स इन विनाग्रेट

१ मध्यम आकार का लेटस हेड, ठंडा किया हुआ

४ स्लाइस सफेद ब्रेड

२ बड़े चम्मच जैतून का तेल

३ लहसुन की कलियाँ, कटी हुई

१०० ग्राम पनीर, चौकोर टुकड़ों में कटा हुआ

६ चेरी टमाटर, आधे कटे हुए

ड्रेसिंग

१ बड़ा चम्मच सिरका

१/४ कप जैतून का तेल

नमक स्वादानुसार

१/२ छोटा चम्मच मिक्स्ड ड्राइड हर्ब्स

५-६ काली मिर्च के दाने, ताजे कूटे हुए

२ छोटे चम्मच कटी हुई ताजी पार्स्ली

- अवन को १८०° से. तक पहले ही गरम कर लें।
- ब्रेड के एक इंच के चौकोर टुकड़े करें और सुनहरे रंग के होने तक अवन में भून लें।
- एक नॉन-स्टिक पेन में जैतून का तेल गरम करें। गरम होने पर उसमें लहसुन डालें तथा भूरे रंग की होने तक भून लें।
- ड्रेसिंग की सारी सामग्री मिलाकर उसमें भुनी हुई लहसुन डाल दें।
- एक बड़े बाउल में सलाद के पत्तों को बड़ा-बड़ा तोड़ कर डालें। फिर उसमें ब्रेड के टुकड़े (क्रूटॉन्स), पनीर और चेरी टमाटर डाल दें। ऊपर से ड्रेसिंग उंडेल कर अच्छी तरह मिला लें तथा तुरन्त परोसें।

कॉर्न एण्ड बीन ट्रूसम

१ १/२ कप स्वीट कॉर्न के दाने,
उबाल कर, निथारे हुए

१ १/२ कप उबाला हुआ राजमा

२ हरे प्याज

नमक स्वादानुसार

काली मिर्च पाउडर स्वादानुसार

ड्रेसिंग

२ बड़े चम्मच मेयोनीज़ (पृष्ठ क्र. १०२)

३/४ बड़ा चम्मच मस्टर्ड पेस्ट

२ बड़े चम्मच टमेटो केचप

१/२ छोटा चम्मच पापरिका (लाल शिमला
मिर्च की पाउडर)

- हरे प्याज के कंद और पत्तियाँ अलग-अलग काट लें।
- ड्रेसिंग की सारी सामग्री को मिलाकर छोटी मथनी से अच्छी तरह फेंट लें तथा ठंडा होने के लिए रेफ्रिजरेटर में रख दें।
- एक बड़े बाउल में स्वीट कॉर्न के दाने, राजमा तथा हरे प्याज के टुकड़े डालकर अच्छी तरह मिला लें।
- सलाद पर ड्रेसिंग उंडेलें तथा स्वाद के अनुसार नमक तथा काली मिर्च की पाउडर डालें।
- हरे प्याज की पत्तियों से सजाकर तुरंत ख़ाने को दें।

शेफ्स सेलेड

१ मध्यम आकार का आइस बर्ग लेटस हेड

३ अंडे, उबाले हुए

४ काले जैतून, गुठली निकाल कर काटे हुए

४ हरे जैतून, गुठली निकाल कर काटे हुए

४ लाल गोल रेडिश, कटी हुई

½ कप कद्दूकस किया हुआ प्रोसेस्ड चीज़

१ लहसुन की कली, कटी हुई

½ कप फ्रेंच ड्रेसिंग (पृष्ठ क्र. ९९)

२ मध्यम आकार के टमाटर, चार टुकड़े किये हुए

- लेटस (सलाद के पत्तों) के खाने लायक छोटे टुकड़े कर लें। इन्हें ठंडे पानी में कुछ देर भिगोकर रखें। फिर निथार लें।
- अंडो की लंबाई में आठ फाँके कर लें।
- एक बाउल में सलाद के पत्ते, जैतून, रेडिश के टुकड़े, अंडो के टुकड़े, चीज़ तथा लहसुन लेकर अच्छी तरह मिला लें।
- तैयार सलाद पर फ्रेंच ड्रेसिंग उंडेलकर अच्छी तरह मिला लें।
- टमाटर के टुकड़ों से सजाकर परोसें।

अंकुरित मोठ और मूँग का सलाद

³/₄ कप अंकुरित मोठ

³/₄ कप अंकुरित मूँग

१ मध्यम आकार का प्याज, कटा हुआ

१ मध्यम आकार की हरी शिमला मिर्च, कटी हुई

१ मध्यम आकार का टमाटर, बीज निकाल कर कटा हुआ

२ हरी मिर्च, कटी हुई

२ छोटे चम्मच नींबू का रस

१¹/₂ छोटे चम्मच चाट मसाला

नमक स्वादानुसार

२ बड़े चम्मच कटी हुई हरी धनिया पत्ती

- एक बाउल में अंकुरित मोठ, मूँग, प्याज, शिमला मिर्च, टमाटर और हरी मिर्च के टुकड़े लेकर अच्छी तरह मिला लें। फिर बाउल पर क्लिंग फिल्म लगाकर आधे घंटे के लिए रेफ्रिजरेटर में रख दें।
- नींबू का रस, चाट मसाला और नमक मिलाकर ड्रेसिंग तैयार कर लें।
- परोसने के समय ठंडे किए गए सलाद में ड्रेसिंग मिला लें।
- हरी धनिया पत्ती से सजाकर तुरन्त परोसें।

त्सात्सिकी

४ मध्यम आकार की ककड़ियाँ

३ बड़े चम्मच कटी हुई ताजा पुदीने की पत्तियाँ
+ सजावट के लिये पुदीने की एक डंडी

१ लहसुन की कली, कुचली हुई

१ छोटा चम्मच केस्टर शुगर

१ कप पानी निकाला हुआ दही, फेंटा हुआ

१/२ छोटा चम्मच पापरिका

- ककड़ियों को छीलकर लंबाई में दो टुकड़े करें। फिर बीज निकाल कर पतली फाँको में काट लें।
- एक बाउल में कटी हुई पुदीने की पत्तियाँ, लहसुन, केस्टर शुगर तथा दही अच्छी तरह मिला लें।
- ककड़ियों की फाँको को दही में डालकर अच्छी तरह मिलायें तथा स्वाद के अनुसार नमक डालें।
- पापरिका छिड़ककर तथा पुदीने से सजाकर सलाद ठंडा ही खाने को दें।

केलिफोर्निया सेलेड

१ बड़ा लेटस (सलाद के पत्ते) हेड, बड़े-बड़े टुकड़े तोडकर ठंडे पानी में भिगोए हुए

४ मध्यम आकार की गाजर, मोटी कद्दूकस की हुई

१८-२० चेरी टमाटर, दो टुकड़े किये हुए

४ सेलरी के डंठल, पतले स्लाइस किये हुए

१ कप किशमिश

१ कप बादाम, ब्लांच करके बीच में से दो टुकड़े किये हुए

४ बड़े चम्मच चारोली (चिरोंजी)

२ बड़े चम्मच भूने हुए तिल

नमक स्वादानुसार

१५-२० काली मिर्च, ताजी कूटी हुई

ड्रेसिंग

३ बड़े चम्मच एक्स्ट्रा-वर्जिन जैतून का तेल

२ बड़े चम्मच साइडर विनेगर

२ छोटे चम्मच शहद

४ बड़े चम्मच संतरे का रस

- एक बड़े बाउल में सलाद की सारी सब्जियाँ, किशमिश, बादाम, चारोली तथा तिल लेकर एकत्रित कर लें।
- काँच की एक छोटी बोतल में ड्रेसिंग की सारी सामग्री डालकर बोतल को अच्छी तरह हिलायें ताकि सारे घटक आपस में अच्छी तरह मिल जायें।
- ड्रेसिंग को सलाद पर उंडेल कर अच्छी तरह मिलायें।
- नमक तथा ताजी कूटी हुई काली मिर्च छिड़ककर सलाद को ठंडा ही परोसें।

थ्री लेटस एण्ड प्रॉन सेलेड

१ आइस बर्ग लेटस हेड (सलाद के पत्ते)
१ रोमेन लेटस हेड (सलाद के पत्ते)
१ ग्रीन लीफ लेटस हेड (सलाद के पत्ते)
८ बड़े झींगे, छीलकर बीच का
धागा निकाल कर
नमक स्वादानुसार
७-८ काली मिर्च ताजी कूटी हुई
२ बड़े चम्मच भूने हुए तिल

ड्रेसिंग

२ छोटे चम्मच नींबू का रस
१ बड़ा चम्मच बाल्सेमिक सिरका
२ बड़े चम्मच एक्स्ट्रा-वर्जिन जैतून का तेल
१ छोटा चम्मच मस्टर्ड पेस्ट
नमक स्वादानुसार

- लेटस (सलाद के पत्तों) को अच्छी तरह धोकर निथार लें। झींगो पर नमक और पिसी हुई काली मिर्च लगाकर भूने हुए तिल में अच्छी तरह लिपटा लें।
- एक नॉनस्टिक पेन में झींगे पकने के लिये रखें। बीच-बीच में सावधानी से पलटते हुए दोनों ओर से सुनहरे होने तक पकाएँ।
- एक छोटे बाउल में ड्रेसिंग की सारी सामग्री लेकर अच्छी तरह मिला लें।
- सलाद के पत्तों को बड़ा-बड़ा तोडकर झींगो के साथ मिला लें। ऊपर से ड्रेसिंग उंडेल कर अच्छी तरह मिलायें तथा तुरन्त परोसें।

सेब और ककड़ी का सलाद

१ मध्यम आकार का सेब

१ मध्यम आकार की ककड़ी

१ बड़ा चम्मच नींबू का रस

४ सलाद के पत्ते

१/२ बड़ा चम्मच सलाद ऑइल

बड़ी चुटकी रेड चिली फ्लेक्स

४-५ ताजा पुदीने की पत्तियाँ

नमक स्वादानुसार

५-६ संतरे की फाँके, दो टुकड़े की हुई

१/२ मध्यम आकार की गाजर, पतली पट्टियों में कटी हुई

१ मध्यम आकार का टमाटर, चार टुकड़े कर फाँके किया हुआ

१ हरा प्याज, फाँके किया हुआ

- सेब का बीजवाला भाग निकाल कर लंबाई में चार टुकड़े काटें फिर हर टुकड़े की पतली फाँके कर लें (छीले नहीं)। इन टुकडों पर नींबू का रस लगा दें। ककड़ी को छीलकर एक इंच के लंबे टुकड़े कर लें।
- सलाद के पत्तों को ट्रिम करके बहते पानी के नीचे धो लें। फिर इन्हें ठंडे पानी में डुबाकर रखें ताकि वे ताजे और कुरकुरे बने रहें।
- बचा हुआ नींबू का रस, सलाद ऑइल, रेड चिली फ्लेक्स और पुदीने की पत्तियों को एक साथ मिलाकर स्वाद के अनुसार नमक डालें तथा अच्छी तरह मिला लें।

- सलाद के पत्तों को निथार लें तथा हाथ से तोड़कर उनके खाने लायक टुकड़े कर लें। सर्व्हिंग डिश में सलाद के पत्ते बिछाकर उन पर ड्रेसिंग का एक चौथाई भाग उंडेल दें।
- एक बाउल में सेब, ककड़ी, संतरे की फाँके, गाजर, टमाटर तथा हरे प्याज के टुकड़े डालकर अच्छी तरह मिला लें।
- बचा हुआ ड्रेसिंग उंडेल कर मिलाएँ तथा इस मिश्रण को सर्व्हिंग डिश में रखे सलाद के पत्तों पर रखें और तुरन्त खाने को दें।

चुकंदर और दही का सलाद

१ बड़ा चुकन्दर, ब्लांच किया हुआ और छीलकर पतली फाँके की हुई

³/₄ कप दही

३ बड़े चम्मच मेयोनीज़ (पृष्ठ क्र. १०२)

नमक स्वादानुसार

२¹/₂ छोटे चम्मच चीनी

१ बड़ा सेब, फाँके किया हुआ

१ छोटा लेटस (सलाद के पत्ते) हेड, लंबा-पतला काटा हुआ

५ बादाम, भूनकर पतली कतरनें की हुई

- दही में मेयोनीज़, नमक और चीनी डालकर अच्छी तरह फेंट लें।
- चुकन्दर, सेब तथा सलाद पत्तों के आधे लंबे-पतले टुकड़े एक साथ मिला लें।
- अब इस मिश्रण में दही का ड्रेसिंग डालकर सावधानी से मिला लें।
- सलाद को सर्व्हिंग बाउल में रखें तथा सलाद पत्तों के बचे हुए टुकडों तथा बादाम की कतरनों से सजाकर खाने को दें।

गाजर और सेब का सलाद

३ मध्यम आकार की गाजर, मोटी कद्दूकस की हुई

२ मध्यम आकार के सेब, बीजवाला भाग निकाल कर फाँके की हुई

³/४ बड़ा चम्मच नींबू का रस

³/४ बड़ा चम्मच चारोली (चिरोंजी)

२ बड़े चम्मच किशमिश

६-८ काजू, तले हुए

ड्रेसिंग

३ बड़े चम्मच सलाद ऑइल

२ बड़े चम्मच नींबू का रस

चुटकीभर चीनी

नमक स्वादानुसार

५-६ काली मिर्च के दाने, ताजे कुटे हुए

- सेब की फाँको पर नींबू का रस छिड़क दें ताकि वे काली न पडें।
- एक बड़े बाउल में कद्दूकस किए हुए गाजर लेकर उसमें सेब, चारोली, किशमिश तथा तले हुए काजू मिला दें।
- ड्रेसिंग की सारी सामग्री को काँच की छोटी बोतल में डालकर अच्छी तरह हिलाकर मिला लें।
- सलाद पर ड्रेसिंग उंडेल दें तथा हलके से मिला लें।
- तुरन्त खाने को दें।

चिकन सेलेड

२ (प्रत्येक १५० ग्राम) हड्डीरहित चिकन ब्रेस्ट

नमक स्वादानुसार

१ छोटा चम्मच नींबू का रस

काली मिर्च पाउडर स्वादानुसार

चुटकीभर एमएसजी (ऐच्छिक)

१ सेलरी का डंठल, पतला काटा हुआ

१ छोटा सेब

१ उबाला हुआ अंडा

२ मध्यम आकार की गाजर, पतली फाँके कर ब्लांच की हुई

१ मध्यम आकार का प्याज, पतली फाँके किया हुआ

१ कप मेयोनीज़ (पृष्ठ क्र. १०२)

४ सलाद के पत्ते

- चिकन को नमक वाले पानी में पंद्रह मिनट तक उबाल लें। फिर ठंडा करके कतरनों में काट लें। उन पर नींबू का रस डालें और एक चुटकी नमक, काली मिर्च पाउडर तथा एमएसजी छिड़क दें।
- सेलरी को ठंडे पानी में दस मिनट तक डुबाकर रखें। फिर निथार कर, पोंछकर सूखा लें।
- सेब को छीलकर बीज वाला भाग निकाल लें तथा पतली फाँके कर लें। उन्हें नमक वाले ठंडे पानी में दस मिनट तक डुबाकर रखें फिर निथार लें।
- अंडे के सफेद भाग को टुकड़ों में काट लें तथा जरदी को छान लें।
- गाजरों को उबलते पानी में ब्लांच करें फिर निथार कर ठंडे पानी में डाल दें।

- एक बाउल में चिकन, सेलरी, सेब, अंडे के टुकड़े, गाजर और प्याज लेकर मिला लें।
- अब इस मिश्रण पर मेयोनीज़ उंडेल कर अच्छी तरह मिला लें। नमक तथा काली मिर्च पाउडर डालें।
- सर्व्हिंग डिश में सलाद के पत्ते बिछाकर उस पर सलाद रखें।
- छानी हुई अंडे की जरदी से सजाकर तुरन्त परोसें।

क्रन्ची सेलरी एण्ड क्यूकंबर मेड्ली

३ सेलरी के डंठल, ट्रिम करके काटे हुए

२ छोटी ककड़ियाँ, कटी हुई

३/४ कप अनार के दाने

३/४ कप दो टुकड़ों में कटे हुए बिना बीज के अंगूर

कुछ सलाद के पत्ते

ड्रेसिंग

१/२ कप दही, फेंटा हुआ

३/४ छोटा चम्मच शहद

३/४ छोटा चम्मच मस्टर्ड पेस्ट

नमक स्वादानुसार

काली मिर्च पाउडर स्वादानुसार

- सलाद के एक बड़े बाउल में सेलरी, ककड़ी, अनार के दाने और अंगूर रखकर बाउल को कम से कम आधा घंटा रेफ्रिजरेटर में रखें ताकि सारी चीजें अच्छी तरह से ठंडी हो जाएँ।
- ड्रेसिंग की सारी सामग्री को आपस में मिला लें।
- परोसने से पहले ड्रेसिंग को सलाद पर उंडेल कर अच्छी तरह मिला लें।
- प्लेट में सलाद के पत्ते बिछाकर उस पर सलाद परोसें।

सेलेड निस्वाज़

१ आईसबर्ग लेटस हेड (सलाद के पत्ते)

४ मध्यम आकार के आलू

१५ फ्रेंच बीन

४ मध्यम आकार के टमाटर, चार टुकड़े किये हुए

४ उबले हुए अंडे, चार फाँके की हुई

१/२ कप फ्रेंच ड्रेसिंग (पृष्ठ क्र. ९९)

१० काले जैतून, गुठली निकाले हुए

- सलाद के पत्तों को हाथों से तोड़कर उनके खाने लायक टुकड़े कर लें और ठंडे पानी में भिगो दें।
- आलू उबाल कर, छीलकर एकदम छोटे-छोटे टुकडों में काट लें। फ्रेंच बीन के दो इंच लंबे टुकड़े काटकर उबलते पानी में ब्लांच कर लें। फिर निथार कर ठंडा कर लें।
- एक बड़े बाउल में आलू, फ्रेंच बीन, टमाटर तथा अंडे लेकर अच्छी तरह से मिला लें।
- सलाद पर फ्रेंच ड्रेसिंग उंडेल कर दो काटों की सहायता से सावधानीपूर्वक सब्जियों को मिलाएँ ताकि सब्जियों पर ड्रेसिंग की परत चढ़ जाये।
- एक बड़ी उथली प्लेट में सलाद के ठंडे पत्ते बिछा लें।
- इन पत्तों पर चम्मच से सारा सलाद रखें तथा काले जैतून से सजाएँ।
- तुरन्त परोसें।

चिनपेन नूडल सेलेड

२ (प्रत्येक १५० ग्राम) हड्डीरहित चिकन ब्रेस्ट

१०० ग्राम एग नूडल्स

नमक स्वादानुसार

३ बड़े चम्मच तिल का तेल

१ हरा प्याज, बारीक कटा हुआ

१ मध्यम आकार की पिकल्ड घेरकिन, फाँके की हुई

१ बड़ा चम्मच लाइट सोया सॉस

१½ बड़े चम्मच माल्ट विनेगर

१ हरी मिर्च, बीज निकाल कर काटी हुई

५-६ काली मिर्च के दाने, कूटे हुए

२ बड़े चम्मच ताहिना (तिल की पेस्ट)

१ छोटा चम्मच राई पाउडर

- एक पेन में तीन कप पानी गरम करें। चिकन ब्रेस्ट डालकर उबाल लें। आँच धीमी कर दें तथा पाँच से छः मिनिट तक या चिकन थोड़ा पक जाने तक उबलने दें।
- बर्तन को आँच पर से उतार लें। चिकन को पंद्रह मिनट तक बर्तन में ही रहने दें। निकाल कर ठंडा करें तथा बारीक काट लें।
- उसी पेन में चिकन स्टॉक को फिर से गरम करें तथा एक उबाल लाएँ। फिर थोडा सा नमक, एक बड़ा चम्मच तिल का तेल और नूडल्स मिलाकर तीन से चार मिनिट तक या लगभग पक जाने तक पका लें। निथार कर ठंडा करने के लिये थाली में फैला दें।

- एक बड़े बाउल में चिकन के टुकड़े लेकर उसमें नूडल्स, हरे प्याज के टुकड़े और पिकल्ड घेरकिन के टुकड़े मिलाकर ठंडा होने के लिये रेफ्रिजरेटर में रख दें।
- एक छोटे बाउल में लाइट सोया सॉस, माल्ट विनेगर, हरी मिर्च, कूटी हुई काली मिर्च, नमक तथा बचा हुआ तिल का तेल मिलाकर ताहिना तथा राई पाउडर डालकर अच्छी तरह मिला लें।
- परोसने से पहले ठण्डे सलाद में ड्रेसिंग अच्छी तरह से मिला लें।
- अथवा सलाद को प्लेट या बाउल में परोसें और साथ में ड्रेसिंग अलग से परोसें।

ग्रीन ज्वेल्स इन ए बाउल

१/४ मध्यम आकार की ब्रोकोली, फूल अलग किये हुए

८-१० फ्रेंच बीन्स, तिरछी फाँको में काटी हुई

१ मध्यम आकार की हरी शिमला मिर्च, पट्टियों में काटी हुई

१ बड़ी ककड़ी, दो टुकड़ों में काटकर तिरछी फाँको में काटी हुई

३/४ कप अंकुरित मूँग

६ सलाद के पत्ते, बड़े बड़े तोड़कर ठंडे किये हुए

१ हरे प्याज की पत्तियाँ, काटी हुई

१ बड़ा चम्मच भूने हुए तिल

ड्रेसिंग

१ बड़ा चम्मच नींबू का रस

१ बड़ा चम्मच जैतून का तेल

१ बड़ा चम्मच सोया सॉस

३ छोटे चम्मच पिसी हुई चीनी

७-८ काली मिर्च, कूटी हुई

नमक स्वादानुसार

- ब्रोकोली के फूल तथा फ्रेंच बीन्स के टुकड़ों को उबलते पानी में ब्लांच कर लें। फिर निकाल कर ठंडे पानी में डालें।
- ड्रेसिंग की सारी सामग्री को मिलाकर एक ओर रख दें।
- एक बड़े से बाउल में ब्रोकोली, फ्रेंच बीन्स, शिमला मिर्च, ककड़ी, अंकुरित मूँग तथा सलाद के पत्तों को एक साथ मिला लें।
- सलाद पर ड्रेसिंग उंडेल दें और अच्छी तरह मिला लें।
- हरे प्याज की पत्तियाँ तथा भूने हुए तिल छिड़ककर परोसें।

केरी का सलाद

१ बड़ी केरी (कच्चा हरा आम)

१ बड़ा लेटस हेड (सलाद के पत्ते)

१ कप कटी हुई ताजी हरी धनिया पत्ती

१ ताजी लाल मिर्च, बीज निकाल कर कटी हुई

२ छोटे प्याज, कटे हुए

२ बड़े चम्मच नींबू का रस

१ बड़ा चम्मच लाइट सोया सॉस

नमक स्वादानुसार

- केरी छीलकर उसकी लंबी पट्टियाँ काट लें। इन पट्टियों को दस मिनिट ठंडे पानी में डालकर रखें फिर निथार लें।
- सलाद के एक बड़े बाउल में सलाद के पत्ते बिछा दें।
- एक बड़े बाउल में लाल मिर्च, छोटे प्याज, नींबू का रस और सोया सॉस एक साथ मिला लें।
- ड्रेसिंग में केरी की पट्टियाँ मिलाकर हरी धनिया पत्ती डाल दें। स्वाद के अनुसार नमक डाल दें।
- सलाद के पत्तों पर सलाद रखें तथा तुरन्त खान को दें।

ग्रीन बनाना सेलेड

२ हरे कच्चे केले

नमक स्वादानुसार

१ मध्यम आकार की ककड़ी, कटी हुई

२ सेलरी के डंठल, पतली फाँके की हुई

१ मध्यम आकार की गाजर, मोटी कद्दूकस की हुई

१ छोटा गुच्छा सलाद के पत्ते

ड्रेसिंग

३ बड़े चम्मच जैतून का तेल

१ बड़ा चम्मच सिरका

नमक स्वादानुसार

१/४ छोटा चम्मच काली मिर्च पाउडर

१ लहसुन की कली, कुचली हुई

२ छोटे चम्मच मस्टर्ड पेस्ट

- कच्चे केले छीलकर उन्हें उबलते हुए नमक वाले पानी में दस मिनिट या केले नरम होने तक पका लें।
- निथार लें तथा केलों को ठंडाकर आधा इंच मोटी आड़ी फाँको में काट लें।
- ड्रेसिंग की सारी सामग्री काँच की एक छोटी बोतल में लेकर अच्छी तरह हिलाकर मिला लें।
- एक बड़े बाउल में केले, ककड़ी, सेलरी तथा गाजर एक साथ मिला लें।
- सलाद पर ड्रेसिंग डालें तथा अच्छी तरह मिला लें।
- प्लेट में सलाद के पत्ते बिछाकर इस बिछावन पर सलाद पेश करें।

ग्रीन पपाया सेलेड

२ कप लंबे-पतले टुकडों में कटा हुआ
हरा कच्चा पपीता

४ लहसुन की कलियाँ

नमक स्वादानुसार

१ ताजी लाल मिर्च, बड़े टुकडों में काटी हुई

४ चेरी टमाटर, चार टुकड़े किए हुए

२ बड़े चम्मच नींबू का रस

२ बड़े चम्मच ब्राउन शुगर

१ बड़ा चम्मच फिश सॉस

१/२ बड़ा चम्मच इमली का गूदा

१/२ कप भूनी हुई मूँगफली, कूटी हुई

- एक बड़े बाउल में पपीते के टुकड़े रखें तथा इन्हें मूसल से थोडा कूट लें।
- लहसुन की कलियाँ तथा नमक को एक साथ ओखली में कूट लें। फिर इसमें लाल मिर्च और चेरी टमाटर मिलाकर हलके से थोड़ा और कूटें।
- कूटे हुए लहसुन के मिश्रण को पपीते में डालकर ऊपर से नींबू का रस डालें तथा अच्छी तरह मिला लें।
- ओखली में ब्राउन शुगर, फिश सॉस तथा इमली के गूदे को भी कूट लें। फिर इस मिश्रण को पपीते के मिश्रण में अच्छी तरह मिला लें।
- अब इस मिश्रण में भूनी हुई मूँगफली डालकर अच्छी तरह मिला लें।
- तुरन्त खाने को दें।

केलिफोर्निया पिस्ता पास्ता सेलेड

¼ कप पिस्ते, बड़े-बड़े टुकडे किये हुए

१ कप छोटा पास्ता, उबाला हुआ

२ मध्यम आकार के टमाटर, काटे हुए

६-८ पालक के छोटे पत्ते

२ बड़े चम्मच पार्मेसन चीज़ पाउडर

ड्रेसिंग

३ बड़े चम्मच जैतून का तेल

१ बड़ा चम्मच बाल्सेमिक विनेगर

चुटकीभर सूखा ओरेगॉनो

नमक स्वादानुसार

¼ छोटा चम्मच काली मिर्च पाउडर

- एक बड़े बाउल में ड्रेसिंग की सारी सामग्री मिला लें।
- ड्रेसिंग में पास्ता डालें तथा अच्छी तरह मिला लें।
- अब इस मिश्रण में टमाटर, पालक और पिस्ते डालकर अच्छी तरह मिला लें।
- पार्मेसन चीज़ पाउडर छिड़ककर खाने को दें।

शेफ की सलाह

आप किसी भी छोटे पास्ता जैसे-मेकरोनी, फ्यूसिली या पेन्ने का उपयोग कर सकते हैं।

फ्रेंच बीन एन्ड सेसमी सेलेड

२५० ग्राम फ्रेंच बीन्स, आड़ी-पतली फाँके काटी हुई

२ बड़े चम्मच भुने हुए तिल

१ छोटी हरी ककड़ी, बिना छीले चौकोर टुकडों में कटी हुई

१ सेलरी डंठल, कटा हुआ

कुछ सलाद के पत्ते

ड्रेसिंग

२ बड़े चम्मच सलाद ऑइल

२ बड़े चम्मच सिरका

१/२ छोटा चम्मच मस्टर्ड पेस्ट

१/२ छोटा चम्मच चीनी

१ पिकल्ड घेरकिन, बारीक टुकड़ों में कटी हुई

नमक स्वादानुसार

काली मिर्च पाउडर स्वादानुसार

- ड्रेसिंग की सारी सामग्री को काँच की छोटी बोतल में डालकर अच्छी तरह हिलायें ताकि सारी सामग्री आपस में मिल जाये। फिर रेफ्रिजरेटर में रख दें।
- फ्रेंच बीन्स के टुकड़ों को पाँच मिनट तक भाप पर पका लें फिर निथार कर ठंडा होने के लिये रख दें।
- एक बाउल में फ्रेंच बीन्स, ककड़ी और सेलरी को एक साथ मिला लें।
- परोसने के समय सलाद पर ड्रेसिंग उंडेल दें।
- ऊपर से तिल छिड़ककर सलाद के पत्तों पर रखकर परोसें।

चिकपी एण्ड ताहिना सेलेड

२ कप उबले हुए काबुली चने

½ बड़ा चम्मच ताहिना (तिल की पेस्ट)

½ कप मेयोनीज़ (पृष्ठ क्र. १०२)

१ बड़ा चम्मच जैतून का तेल

२ छोटे चम्मच नींबू का रस

नमक स्वादानुसार

काली मिर्च पाउडर स्वादानुसार

१ मध्यम आकार की ककड़ी, बीज निकाल कर चौकोर टुकड़ों में कटी हुई

१ मध्यम आकार का टमाटर, बीज निकाल कर चौकोर टुकड़ों में कटा हुआ

१ मध्यम आकार की गाजर, मोटी कद्दूकस की हुई

- एक छोटे बाउल में मेयोनीज़ तथा ताहिना लें।
- फिर उसमें जैतून का तेल और नींबू का रस डालकर तार की मथनी से अच्छी तरह फेंट लें। स्वाद के अनुसार नमक तथा काली मिर्च पाउडर डाल दें।
- एक बड़े बाउल में काबुली चने, ककड़ी, टमाटर तथा गाजर लें।
- उस पर ड्रेसिंग उंडेल कर अच्छी तरह मिला लें। गेहूँ की ब्रेड या पिटा ब्रेड की स्लाइस के साथ तुरन्त परोसें।

इन्सलाटा नुओवा कुचिना

१ बड़ा आइसबर्ग लेटस हेड (सलाद के पत्ते)

४-५ ताजे बटन मशरूम

१ छोटी पीली शिमला मिर्च

१ छोटी लाल शिमला मिर्च

१ मध्यम आकार का टमाटर

१०-१२ फ्रेंच बीन्स, ब्लांच की हुई

८ स्टफ्ड हरे जैतून

तुलसी की ताजी पत्तियाँ, सजावट के लिये

ड्रेसिंग

२ बड़े चम्मच बाल्सेमिक विनेगर

३ बड़े चम्मच जैतून का तेल

नमक स्वादानुसार

५-६ काली मिर्च के दाने, कूटे हुए

- सारी सब्जियों तथा जैतून को चौकोर टुकड़ों में काट लें तथा एक बड़े बाउल में लेकर मिला लें।
- ड्रेसिंग बनाने के लिये बाल्सेमिक विनेगर, जैतून का तेल, नमक तथा कूटी हुई काली मिर्च को एक साथ अच्छी तरह मिला लें।
- ड्रेसिंग को सलाद पर उंडेल कर सलाद को मिलाएँ ताकि सलाद और ड्रेसिंग आपस में अच्छी तरह घुल-मिल जायें।
- तुलसी की ताजी पत्तियों से सजा दें।

शेफ की सलाह

इच्छानुसार आप इस सलाद में पकाये हुए झींगे या चिकन के चौकोर टुकड़े भी मिला सकते हैं।

क्रिसमस कोलस्लॉ

१ छोटी बैंगनी पत्तागोभी, कतरनों में काटी हुई

१ छोटी हरी पत्तागोभी, कतरनों में काटी हुई

३ बड़े चम्मच दरदरी कूटी हुई अखरोट की गिरी

१/२ कप मेयोनीज़ (पृष्ठ क्र. १०२)

१ बड़ा चम्मच क्विक फ्रेंच ड्रेसिंग (पृष्ठ क्र. १००)

नमक स्वादानुसार

१/८ छोटा चम्मच सफेद मिर्च पाउडर

२ इंच सेलरी का डंठल, काटा हुआ

१/२ मध्यम आकार का सेब, पतली पट्टियों में काटा हुआ

- एक बड़े से बाउल में दोनों पत्तागोभी की कतरनें तथा दो बड़े चम्मच अखरोट की गिरी डालें।
- एक दूसरे बाउल में मेयोनीज़, क्विक फ्रेंच ड्रेसिंग, नमक, सफेद मिर्च पाउडर तथा सेलरी एकसाथ मिला लें।
- पत्तागोभी के मिश्रण पर ड्रेसिंग उंडेल दें। फिर सेब की पट्टियाँ डालें और सारी सामग्री को आपस में अच्छी तरह मिला लें।
- अखरोट की गिरी बुरकें और परोसें।

रेड अनियन, टमेटो एण्ड पास्ता सेलेड

१ बड़ा प्याज, पतली फाँके किया हुआ

४ मध्यम आकार के टमाटर, चार टुकड़े कर बीज निकाले हुए

३ कप अलग-अलग आकार का छोटा पास्ता, पकाया हुआ (दाँत से काटने पर सख्त लगे)

१ पीली शिमला मिर्च, भूनी हुई

२ छोटी झुकिनी, फाँक की हुई

नमक स्वादानुसार

तुलसी की ताजी पत्तियाँ, सजावट के लिये

ड्रेसिंग

४ बड़े चम्मच जैतून का तेल

१½ बड़े चम्मच रेड वाइन विनेगर

१ छोटा चम्मच डिजॉन मस्टर्ड

½ छोटा चम्मच केस्टर शुगर

नमक स्वादानुसार

१२-१५ काली मिर्च के दाने, कुटे हुए

½ कप तुलसी की ताजी पत्तियाँ, तोडी हुई

- शिमला मिर्च को ठंडा करके छील लें, फिर उसकी लंबी पट्टियाँ काट लें।
- झुकिनी को उबलते पानी में ब्लांच करें। फिर ठंडे पानी में डालकर निकाल लें।
- ड्रेसिंग की सारी सामग्री को एक साथ मिला लें।

- पास्ता को निथार कर सर्व्हिंग बाउल में डाल दें। फिर इस पर ड्रेसिंग डालकर अच्छी तरह मिला लें।
- अब बाउल में शिमला मिर्च, झुकिनी, प्याज और टमाटर डालकर अच्छी तरह मिला लें।
- बाउल पर ढक्कन रख दें तथा कमरे के तापमान पर आधा घंटा रहने दें ताकि सलाद में ड्रेसिंग का स्वाद और सुगंध उतर जाये।
- तुलसी की पत्तियों से सजाकर खाने को दें।

पास्ता एण्ड कॉर्न सेलेड

१ कप उबाली हुई एल्बो मेकरोनी

१ कप स्वीट कॉर्न के दाने, उबले हुए

७-८ ब्रोकोली के तोडे हुए फूल, ब्लांच किये हुए

८-१० चेरी टमाटर

१/२ मध्यम आकार की पीली शिमला मिर्च, पट्टियों में कटी हुई

१/२ मध्यम आकार की लाल शिमला मिर्च, पट्टियों में कटी हुई

२ बड़े चम्मच जैतून का तेल

४ छोटे चम्मच सिरका

नमक स्वादानुसार

दरदरी पिसी काली मिर्च, आवश्यकतानुसार

चुटकीभर तुलसी की सूखी पत्तियाँ

- एक बड़े बाउल में मेकरोनी, स्वीट कॉर्न, ब्रोकोली, चेरी टमाटर और शिमला मिर्च की पट्टियाँ ले लें।
- एक अलग बाउल में जैतून का तेल, सिरका, नमक और दरदरी पिसी काली मिर्च मिला लें।
- सलाद पर ड्रेसिंग उंडेल दें तथा अच्छी तरह मिला लें। ऊपर से तुलसी की सूखी पत्तियाँ बुरक दें।
- रेफ्रिजरेटर में रखकर बीस मिनट तक ठंडा करें तथा बाद में खाने को दें।

इंडियन सेलेड विथ मेंगो ड्रेसिंग

३ डिब्बाबंद अनानास की फाँके, निथार कर १ इंच के चौकोर टुकड़ों में काटी हुई

१ मध्यम आकार का सेब, १ इंच के चौकोर टुकड़ों में कटा हुआ

१ केला, छीलकर १ इंच के चौकोर टुकड़ों में कटा हुआ

१ बड़ा टमाटर, बीज निकाल कर चार टुकड़ों में कटा हुआ

१ मध्यम हरी शिमला मिर्च, १ इंच के चौकोर टुकड़ों में कटी हुई

१ संतरा, फाँके अलग की हुई

आम का ड्रेसिंग

१/२ कप ताजे आम का गूदा

१/२ कप गाढ़ा दही, फेंटा हुआ

- सलाद की सारी सामग्री को एक बड़े बाउल में डालकर ऊपर क्लिंग फिल्म लगा दें तथा अच्छी तरह से ठंडा होने के लिये रेफ्रिजरेटर में रख दें।
- इसी बीच आम का ड्रेसिंग बनाएं। आम और दही को एक साथ अच्छी तरह फेंटकर चिकना और एकसार बना लें तथा ठंडा कर लें।
- परोसने से पहले सलाद पर ड्रेसिंग उंडेल दें तथा अच्छी तरह से मिलाकर ठंडा ही परोसें।

मशरूम एण्ड चीज़ सेलेड

१०-१२ ताजे बटन मशरूम, चार टुकड़ों में काटे हुए

१०० ग्राम प्रोसेस्ड चीज़, छोटे चौकोर टुकड़ों में कटा हुआ

४ बड़े लेटस (सलाद के पत्ते), बड़े-बड़े टुकडे तोड़े हुए

२ लहसुन की कलियाँ, कटी हुई

३ बड़े चम्मच विनाग्रेट (पृष्ठ क्र. १००)

१ बड़ा चम्मच कटी हुई ताजी हरी धनिया पत्ती

- एक बाउल में मशरूम, चीज़, सलाद के पत्ते तथा लहसुन ले लें।
- विनाग्रेट डालकर सारी सामग्री को आपस में अच्छी तरह मिलाएँ। फिर इसे बीस मिनिट तक रेफ्रिजरेटर में रख दें।
- हरी धनिया पत्ती से सजाकर परोसें।

फाटूश

१ मध्यम आकार की हरी शिमला मिर्च, १ इंच के चौकोर टुकड़ों में कटी हुई

१ मध्यम आकार का टमाटर, १ इंच के टुकड़ों में कटा हुआ

१ मध्यम आकार की ककड़ी, १ इंच के टुकड़ों में कटी हुई

१ मध्यम आकार का प्याज, १ इंच के टुकड़ों में कटा हुआ

२ बड़े चम्मच जैतून का तेल

२-३ ब्रेड के स्लाइस, १ इंच के चौकोर टुकड़ों में कटे हुए

१ छोटा आइसबर्ग लेटस हेड (सलाद के पत्ते)

५-६ काले जैतून, गुठली निकाले हुए

५-६ हरे जैतून, गुठली निकाले हुए

१-२ डंठल ताजी पार्स्ली

ड्रेसिंग

३ बड़े चम्मच जैतून का तेल

१ बड़ा चम्मच सिरका

१ बड़ा चम्मच नींबू का रस

नमक स्वादानुसार

१/२ छोटा चम्मच काली मिर्च के दाने, कूटे हुए

१ बड़ा चम्मच ताजी पार्स्ली, काटी हुई

१ छोटा चम्मच ताजा पुदीना

- एक कड़ाही में जैतून का तेल गर्म करें। गर्म होने पर उसमें ब्रेड के चौकोर टुकड़े डालें और सुनहरे रंग के होने तक तल कर क्रूटॉन्स बना लें।
- ड्रेसिंग बनाने के लिये एक बाउल में जैतून का तेल डालकर उसमें सिरका, नींबू का रस, नमक, काली मिर्च का चूरा, पास्र्ली और सूखा पुदीना डालकर अच्छी तरह फेंट लें।
- सलाद के पत्तों को तोडकर एक बड़े बाउल में डालें। उसी बाउल में सारी सब्जियाँ,प्याज, काले तथा हरे जैतून डाल दें। पास्र्ली को तोड़कर बाउल में डालें तथा अच्छी तरह से मिला लें।
- परोसने से पहले सलाद में ड्रेसिंग उंडेलें और क्रूटॉन्स डालकर मिलाएँ।
- तुरन्त परोसें।

मेंगो एण्ड पाइनेप्पल सेलेड

२ पके हुए आम, छीलकर १/२ इंच के चौकोर टुकड़ों में कटे हुए

१/३ छोटा अनानास, छीलकर बीच का डंठल निकाल कर १/२ इंच के चौकोर टुकड़ों में कटा हुआ

१/२ छोटा लेटस हेड (सलाद के पत्ते), हाथ से तोड़कर खाने लायक टुकड़े किये हुए

सेंधा नमक स्वादानुसार

१ १/२ छोटे चम्मच चाट मसाला

१/४ छोटा चम्मच नींबू का रस

२-३ काली मिर्च, कूटी हुई

- एक बड़े बाउल में आम के टुकड़े, अनानास के टुकड़े तथा सलाद के पत्तों के टुकड़े डाल दें।
- अब बाउल में सेंधा नमक, चाट मसाला और नींबू का रस डालकर अच्छी तरह मिला लें।
- सलाद पर कूटी हुई काली मिर्च छिड़ककर तुरन्त खाने को दें।

वॉर्म रेड केबेज सेलेड

१ मध्यम आकार की लाल गोभी,
बारीक कतरनों में कटी हुई

१ बड़ा चम्मच मक्खन

नमक स्वादानुसार

१/२ कप अंकुरित मूँग

१ छोटी हरी शिमला मिर्च, पट्टियों में काटी हुई

१ मध्यम आकार का सेब, पतली पट्टियों
में कटा हुआ

ड्रेसिंग

१/२ बड़ा चम्मच शहद

१ छोटा चम्मच रेड चिली फ्लेक्स

६-८ काली मिर्च, कूटी हुई

१/२ बड़ा चम्मच नींबू का रस

- एक पेन में मक्खन गर्म करें। गर्म होने पर उसमें गोभी की कतरनें और नमक डालकर तेज आँच पर एक मिनट तक चलाते हुए पकने दें। फिर अलग रख दें।
- एक दूसरे बाउल में अंकुरित मूँग, शिमला मिर्च और सेब डालकर मिला लें।
- एक छोटे बाउल में ड्रेसिंग की सारी सामग्री डालकर अच्छी तरह फेंट लें।
- अंकुरित मूँग के मिश्रण पर ड्रेसिंग उंडेल दें तथा मिश्रण को मिला लें फिर इसे परोसने की प्लेटर में रख दें।
- लाल गोभी की कतरनों को अंकुरित मूँग के मिश्रण के चारों ओर गोलाई में सजा दें। तुरन्त ही परोसें।

स्कॅन्डिनेवियन क्यूकंबर एण्ड डिल सेलेड

४ मध्यम आकार की ककड़ियाँ

४ डंठल ताजा सुआ, कटा हुआ

नमक स्वादानुसार

४ बड़े चम्मच खट्टा क्रीम (पृष्ठ क्र. ८६)

६-८ काली मिर्च, कूटी हुई

२ हरे प्याज की पत्तियाँ, कूटी हुई

- स्लाइसर या फूड प्रोसेसर की सहायता से ककड़ी की जितनी हो सके उतनी पतली गोल फाँके कर लें।
- एक प्लेट में छलनी रखें तथा इसमें ककड़ी की फाँको को परतों में फैलाकर रख दें । जिससे ककड़ी का रस नीचे रखी तश्तरी में गिर सके। अब ककड़ी की हर परत पर समान मात्रा में नमक छिड़क दें। ध्यान रहे कि नमक की मात्रा ज्यादा न हो।
- ककड़ियों को इस स्थिति में रस निकलने के लिये दो घंटे तक रखें फिर इन्हें एक साफ तौलिये पर रख कर थपथपा कर सुखा लें।
- परोसने से पहले ककड़ी को सुआ, खट्टी मलाई तथा पिसी काली मिर्च के साथ मिला लें।
- प्याज की हरी पत्तियों से सजाकर तुरन्त ही परोसें।

चिल्ड मेलन बॉल सेलेड

¹/₄ तरबूज

१ मध्यम, खरबूजा

ड्रेसिंग

१¹/₂ छोटे चम्मच नींबू का रस

२ बड़े चम्मच संतरे का रस

३-४ काली मिर्च, कूटी हुई

१ बड़ा चम्मच ताजा पुदीने की पत्तियाँ, तोड़ी हुई

नमक स्वादानुसार

काला नमक स्वादानुसार

- पेरिज़िएन स्कूप (मेलन बॉलर) की सहायता से तरबूज और खरबूजे के छोटे-छोटे गोले निकाल लें। बीजों को निकाल दें।
- इन गोलों को रेफ्रिजरेटर में रखकर एकदम ठंडा कर लें।
- ड्रेसिंग की सारी सामग्री को एक साथ मिला लें और इसे गोलों पर उंडेल कर हलके से एक या दो बार मिला लें। इन गोलों को तरबूज के खोल में रखकर तुरन्त ही परोसें।

शेफ की सलाह

तरबूज के खोल का सजावटी बाउल बनाने के लिए तरबूज को बीच में से आधा काटकर स्कूप से छोटे छोटे गोले निकाल लें तथा एक तेज छुरी की सहायता से खोल की किनार को ज़िगज़ेग का आकार दे दें।

ग्रिल्ड चिकन एण्ड मशरूम सेलेड

२ (प्रत्येक १५० ग्राम का) हड्डीरहित चिकन ब्रेस्ट

६ बड़े ताजे बटन मशरूम

नमक स्वादानुसार

½ छोटा चम्मच काली मिर्च पाउडर

½ छोटा चम्मच मस्टर्ड पेस्ट

½ छोटा चम्मच लहसुन पेस्ट

२ बड़े चम्मच तेल

१ मध्यम आकार की पीली शिमला मिर्च

१ मध्यम आकार की लाल शिमला मिर्च

६ काले जैतून, गुठली निकाल कर, फाँके किये हुए

½ आइसबर्ग लेटस हेड, बड़े टुकड़े तोड़े हुए

ड्रेसिंग

१ बड़ा चम्मच जैतून का तेल

१½ बड़े चम्मच नींबू का रस

७-८ काली मिर्च के दाने, कूटे हुए

२ छोटे चम्मच पीसी चीनी

नमक स्वादानुसार

- चिकन को मेरीनेट करने के लिये उस पर नमक, काली मिर्च पाउडर, मस्टर्ड पेस्ट तथा लहसुन पेस्ट का मिश्रण लगाकर बीस मिनिट तक रखें।
- ड्रेसिंग की सारी सामग्री को एक साथ मिला लें।

- चिकन को दस से बारह मिनिट तक ग्रिल कर लें। ठंडा होने पर इसके स्लाइस काटकर अलग रख लें।
- मशरूम को तेल लगाकर दो मिनट तक ग्रिल कर लें। फिर चार टुकड़े कर अलग रख दें।
- लाल और पीली शिमला मिर्च को तेल लगाकर दस मिनिट तक ग्रिल कर लें। ग्रिल करते समय इन्हें पलटते रहें ताकि शिमला मिर्च सब तरफ से एक सी भुन जाये। फिर इन्हें काटकर आधा करें और बीज निकाल कर फाँके काट लें तथा अलग रख दें।
- एक बड़े बाउल में चिकन, मशरूम, शिमला मिर्च, जैतून तथा लेटस (सलाद के पत्ते) मिला लें।
- अब सलाद पर ड्रेसिंग उंडेल दें तथा अच्छी तरह मिला लें।
- तुरन्त परोसें।

फलों और शिमला मिर्च का कचूम्बर

२ मध्यम आकार के सेब, बीच का बीजवाला भाग निकाल कर पतली फाँके की हुई

२ मध्यम आकार के संतरे

१२-१५ बिना बीज के हरे अंगूर, दो टुकड़ों में कटे हुए

१२-१५ बिना बीज के काले अंगूर, दो टुकड़ों में कटे हुए

१ मध्यम आकार की हरी शिमला मिर्च, पट्टियों में कटी हुई

२ बड़े चम्मच नींबू का रस

१ मध्यम आकार की ककड़ी, पतली फाँके की हुई

२ मध्यम आकार के टमाटर, बीज निकाल कर पट्टियों में कटे हुए

२ हरे प्याज, पतली फाँको में कटे हुए

ड्रेसिंग

१ बड़ा चम्मच कटी हुई ताजी धनिया पत्ती

८-१० पुदीने की ताजी पत्तियाँ, तोड़ी हुई

२ हरी मिर्च, कटी हुई

१½ छोटे चम्मच चाट मसाला

नमक स्वादानुसार

- सेब की फाँको पर नींबू का रस छिड़क दें ताकि ये काली न पडें।
- संतरे छीलकर फाँके अलग कर लें। बीज निकाल कर प्रत्येक फाँक के दो टुकड़े कर लें।

- फलों और सब्जियों को एक बाउल में लेकर अच्छी तरह मिला लें।
- ड्रेसिंग बनाने के लिये धनिया पत्ती, पुदीने की पत्तियाँ, हरी मिर्च, चाट मसाला, नमक तथा बचे हुए नींबू के रस को अच्छी तरह मिला लें।
- ड्रेसिंग को फल तथा सब्जियों में डालकर अच्छी तरह मिला लें तथा ठंडा परोसें।

क्लासिक ग्रीक सेलेड

१ आइस बर्ग लेटस हेड, बड़े टुकड़े तोड़े हुए

१ मध्यम आकार की ककड़ी, लंबाई में दो टुकड़े कर फाँके की हुई

४ मध्यम आकार के टमाटर, लंबी फाँको में कटे हुए

८ हरे प्याज, फाँक किये हुए

१० काले जैतून, गुठली निकाल कर

१०० ग्राम फेटा चीज़, बारीक चौकोर टुकड़े किए हुए

३ बड़े चम्मच सफेद सिरका

२ बड़े चम्मच एक्स्ट-ा-वर्जिन जैतून का तेल

नमक स्वादानुसार

१०-१२ काली मिर्च के दाने, ताजे कूटे हुए

- एक बड़े बाउल में लेटस (सलाद के पत्ते), ककड़ी, टमाटर, हरे प्याज, जैतून और चीज़ को ले लें।
- एक छोटे बाउल में सिरके तथा जैतून के तेल को फेंट ले। उसमें नमक और ताजी कूटी काली मिर्च मिला दें।
- सलाद पर ड्रेसिंग उंडेल दें तथा अच्छी तरह मिलाएँ।
- क्रस्टी ब्रेड के साथ तुरन्त परोसें।

ब्रॉड बीन सेलेड

४०० ग्राम रातभर भिगोए हुए बकला
(डबल बीन्स)

२ लौंग

२ बड़े चम्मच मिक्स्ड ड्राइड हर्ब्स

१ प्याज, चार टुकड़े किये हुए

१ मध्यम आकार की गाजर, कटी हुई

नमक स्वादानुसार

ड्रेसिंग

२ बड़े चम्मच वाइन विनेगर

१ बड़ा चम्मच फ्रेंच मस्टर्ड

१/२ कप तेल

१ लहसुन की कली, कटी हुई

१ १/२ बड़े चम्मच कटी हुई मिक्स्ड फ्रेश हर्ब्स

नमक स्वादानुसार

काली मिर्च पाउडर स्वादानुसार

- पतले कपड़े में लौंग तथा मिक्स्ड ड्राइड हर्ब्स की पोटली बना लें।
- एक बड़े पेन में छः कप पानी उबालें। इस पानी में भिगोये हुए बकला, लौंग और हर्ब्स की पोटली, प्याज, गाजर तथा नमक डाल दें।

- बीन्स नरम होने तक पकने दें। पकने पर बीन्स निथार लें। बीन्स का पानी सुरक्षित रखें किन्तु प्याज, गाजर और पोटली फेंक दें। बीन्स को गर्म रखें।
- ड्रेसिंग की सारी सामग्री को एक साथ मिला लें।
- गरम बीन्स पर ड्रेसिंग उंडेल दें और अच्छी तरह मिला लें। यदि सलाद अधिक सूखा लगे तो बीन्स का थोड़ा सा पानी डाल दें तथा गरमा गरम परोसें।

शेफ की सलाह

ब्रॉड बीन्स की जगह पर राजमा भी इस्तेमाल किया जा सकता है।

केरेट सेलेड विथ रेज़िन्स, नट्स एण्ड सॉर क्रीम

४ बड़े गाजर

१/२ कप किशमिश

१/२ कप मूँगफली के दाने, दरदरे कूटे हुए

नमक स्वादानुसार

५-६ काली मिर्च के दाने, ताजे कूटे हुए

२ छोटे चम्मच कद्दूकस किया हुआ नींबू का छिलका

१ बड़ा चम्मच नींबू का रस

१ कप खट्टा क्रीम (नीचे देखिये)

- गाजर को एक घंटा बर्फ में रखें। फिर मोटा कद्दूकस कर बाउल में निकाल लें।
- इन गाजरों में किशमिश तथा मूँगफली के दाने डालकर हलके से मिला लें।
- अब मिश्रण में नमक, काली मिर्च का चूरा, कद्दूकस किया हुआ नींबू का छिलका तथा नींबू का रस छिड़क दें तथा अच्छी तरह मिला लें।
- सलाद पर खट्टा क्रीम उंडेलकर तुरन्त ही परोसें।

खट्टा क्रीम

१ टेबलस्पून नींबू का रस और १ कप ताज़ी मलाई मिलाएँ। स्वाद के अनुसार नमक डालकर अच्छी तरह फेंट लें। तथा तुरन्त ही इस्तेमाल करें।

पास्ता एण्ड वेजिटेबल सेलेड

१ कप फारफालै (तितली के आकार का पास्ता)

१ छोटा बैंगन, पतली फाँके की हुई

१ मध्यम आकार का प्याज, फाँके की हुई

१ बड़ा टमाटर, छीलकर टुकड़े किये हुए

१ छोटी लाल शिमला मिर्च, फाँके की हुई

१ लहसुन की कली, काटी हुई

१$^{१}/_{२}$ बड़े चम्मच जैतून का तेल

नमक स्वादानुसार

$^{१}/_{४}$ छोटा चम्मच काली मिर्च पाउडर

कुछ सलाद के पत्ते

२ बड़े चम्मच मसला हुआ फेटा चीज़

३-४ तुलसी की ताजी पत्तियाँ, तोड़ी हुई

ड्रेसिंग

१$^{१}/_{२}$ बड़े चम्मच जैतून का तेल

३ बड़े चम्मच संतरे का रस

एक चुटकी पापरिका

३-४ काली मिर्च के दाने, ताजे कूटे हुए

नमक स्वादानुसार

- अवन को २२०° से. पर पहले से ही गरम कर लें।
- एक अवन प्रूफ प्लेट में बैंगन, प्याज, टमाटर, शिमला मिर्च और लहसुन को इकहरी परत में रखें। इस पर जैतून का तेल और स्वाद के अनुसार नमक और काली मिर्च पाउडर छिड़ककर तीस से चालीस मिनिट या सब्जियों का रंग भूरा होने तक अवन में पका लें। अब प्लेट को अवन से निकालकर ठंडी होने के लिए अलग रख दें।
- पर्याप्त मात्रा में नमक वाला पानी लेकर उसमें फारफालै पका (दाँत से काटने पर सख्त लगे) लें। निथार कर इन्हें एक बाउल में रख लें।
- एक छोटे बाउल में ड्रेसिंग की सारी सामग्री एक साथ मिला लें।
- गरम फारफालै पर ड्रेसिंग उंडेल दें तथा अच्छी तरह मिलाकर ठंडा होने के लिये रख दें।
- एक प्लेट में सलाद के पत्ते बिछा दें।
- प्लेट के बीचोंबीच फारफालै रखें तथा भूनी हुई सब्जियों का ढ़ेर फारफालै के ऊपर रखें।
- सलाद पर मसला हुआ फेटा चीज़ और तुलसी की पत्तियाँ छिड़ककर तुरन्त परोसें।

वॉर्म रेड करी चिकन सेलेड विथ सालसा वॅरडी

२ (प्रत्येक १५० ग्राम) हड्डीरहित चिकन ब्रेस्ट

२ बड़े टमाटर, बीज निकालकर टुकड़े किये हुए

१ कप कटी हुई ताजी पार्स्ली

१ बड़ा चम्मच नींबू का रस

१/४ कप + १ बड़ा चम्मच जैतून का तेल

५-६ काली मिर्च के दाने, ताजे कूटे हुए

१ १/२ बड़े चम्मच थाई रेड करी पेस्ट (पृष्ठ क्र. १०१)

नमक स्वादानुसार

२ लेटस हेड, बड़े टुकड़े तोड़े हुए

- चिकन की चमडी निकाल कर उसकी मोटी-मोटी फाँके कर लें।
- *सालसा वॅरडी* बनाने के लिये एक बाउल में टमाटर, पार्स्ली, नींबू का रस, पाव कप जैतून का तेल और ताजी कूटी हुई काली मिर्च डालकर मिला लें।
- एक बड़े फ्राइंग पेन में एक बड़ा चम्मच जैतून का तेल गर्म करें।
- पेन में चिकन की फाँके डालकर सुनहरे-भूरे रंग पर भून लें ताकि वे अच्छी तरह पक जायें।

- अब इसमें थाई रेड करी पेस्ट डालकर और दो मिनिट तक पकने दें।
- परोसने की प्लेट में सलाद के पत्ते बिछा लें।
- पत्तों पर चिकन की फाँको को रखें ऊपर से *सालसा वॅरडी* डाल दें।
- तुरन्त परोसें।

गाडो-गाडो

२ मध्यम आकार के आलू, उबाल कर छीले हुए

१५-२० फ्रेंच बीन्स

२ मध्यम आकार के गाजर

१ मध्यम आकार की ककड़ी

१ कप अंकुरित बीन्स

पीनट सॉस

१ कप भूने हुए मूँगफली के दाने

१ बड़ा चम्मच कद्दूकस किया हुआ गुड़

१ बड़ा चम्मच इमली का गूदा

१/२ छोटा चम्मच लाल मिर्च पाउडर

नमक स्वादानुसार

- उबले आलुओं के एक इंच लंबे टुकड़े कर लें। फ्रेंच बीन्स तथा गाजर के भी एक इंच के टुकड़े कर लें। गाजर और फ्रेंच बीन के टुकड़ों को उबलते हुए नमक वाले पानी में ब्लांच कर लें निथार कर इन्हें ठंडे पानी में डाल दें। ककड़ी के भी एक इंच लंबे टुकड़े काट लें।
- पीनट सॉस की सारी सामग्री को पाव कप पानी के साथ पीसकर उसकी महीन पेस्ट बना लें।
- एक बड़े बाउल में सलाद की सारी सामग्री डालकर उस पर पीनट सॉस डाल दें।
- मिश्रण को अच्छी तरह मिलाएँ तथा बीस से तीस मिनिट तक रेफ्रिजरेटर में रख दें।
- ठंडा परोसें।

ट्रॉपिकल मेयो डिलाइट

२ मध्यम आकार के टमाटर, बीज निकाल कर बड़े टुकड़ों में काटे हुए

२ मध्यम आकार के आलू, उबाल कर, छीलकर १ इंच के चौकोर टुकड़ों में कटे हुए

१ बड़ी हरी शिमला मिर्च, बड़े टुकडों में कटी हुई

२ ताजी और मोटी अनानास की फाँके, कटी हुई

१ बड़ा सेब, बीच का बीजवाला भाग निकाल कर कटा हुआ

२ सेलरी की डंठल, कटी हुई

१/२ कप थाउजंड आयलैंड ड्रेसिंग (पृष्ठ क्र. १०१)

नमक स्वादानुसार

काली मिर्च पाउडर स्वादानुसार

२ सलाद के पत्ते

- एक बड़े बाउल में टमाटर, आलू, शिमला मिर्च, अनानास, सेब और सेलरी लेकर मिला लें।
- अब बाउल में थाउजंड आयलैंड ड्रेसिंग डालकर अच्छी तरह मिला लें। स्वादानुसार नमक तथा काली मिर्च पाउडर मिलाकर ठंडा करने के लिये रेफ्रिजरेटर में रख दें।
- सलाद के पत्तों पर परोसें।

मेकरोनी एण्ड सॉसेज सेलेड

२ कप उबली हुई और निथारी हुई मेकरोनी
४ चिकन सॉसेज, तले हुए और काटे हुए
१ पिकल्ड घेरकिन, बारीक काटी हुई
१½ बड़े चम्मच फ्रेंच ड्रेसिंग (पृष्ठ क्र. ९९)
½ कप क्रीम
½ कप मेयोनीज़ (पृष्ठ क्र. १०२)
नमक स्वादानुसार
एक चुटकी चीनी
२ उबले हुए अंडे, छीलकर फाँके की हुई
¼ छोटा चम्मच पापरिका

- एक बाउल में मेकरोनी तथा पिकल्ड घेरकिन लेकर उसमें फ्रेंच ड्रेसिंग मिला लें।
- मिश्रण को ठंडा करने के लिये रेफ्रिजरेटर में रखें।
- इस बीच एक छोटे बाउल में क्रीम तथा मेयोनीज़ एक साथ मिलाकर फेंट लें। फिर उसमें स्वादानुसार नमक तथा एक चुटकी चीनी मिला दें।
- मेकरोनी में सॉसेज मिला दें तथा ऊपर से ड्रेसिंग उंडेल दें।
- सलाद और ड्रेसिंग के मिश्रण को एक बड़े बाउल में निकालकर अंडों की फाँको से सजाकर व पापरिका छिड़ककर तुरन्त खाने को दें।

पेप्पर स्लाइस विथ क्रीम चीज़

१ लाल शिमला मिर्च
१ पीली शिमला मिर्च
१ हरी शिमला मिर्च
³/४ कप क्रीम चीज़
३ डिब्बाबंद अनानास की फाँके
  निथार कर, मसली हुई
³/४ कप मेयोनीज़ (पृष्ठ क्र. १०२)
नमक स्वादानुसार
१०-१२ काली मिर्च, कूटी हुई
२० बादाम, कटे हुए
४ सलाद के पत्ते

- शिमला मिर्च को डंठल की ओर से थोड़ा सा काटकर अंदर के बीज तथा झिल्ली निकाल दें।
- क्रीम चीज़ को चिकना होने तक अच्छी तरह फेंट लें। फिर इसमें अनानास, मेयोनीज़, नमक, कूटी हुई काली मिर्च तथा बादाम के टुकड़े मिला दें।
- शिमला मिर्च के अंदर क्रीम चीज़ का मिश्रण भरकर ऊपर से शिमला मिर्च का पहले काटा हुआ टुकड़ा ढाँक दें तथा कम से कम बारह घंटों के लिये रेफ्रिजरेटर में रखकर ठंडा कर लें।
- अब हर शिमला मिर्च को गर्म और तेज छुरी से काटें और फिर बर्फ पर रख दें।
- प्लेट में सलाद के पत्तों पर रखकर परोसें।

राइस सेलेड

१ कप पका हुआ चावल

३ बड़े चम्मच क्विक फ्रेंच ड्रेसिंग (पृष्ठ क्र. १००)

६ लाल रेडिश, पतले गोल टुकड़े किए हुए

१ मध्यम आकार की शिमला मिर्च, पतली पट्टियों में काटी हुई

१ इंच लीक का टुकड़ा, कतरनों में कटा हुआ

१ छोटी ककड़ी, पतली फाँके की हुई

१ छोटी गाजर, पतली पट्टियों में कटी हुई

२ पिकल्ड घेरकिन, कतरनें की हुई

नमक स्वादानुसार

१ बड़ा चम्मच नींबू का रस

१ छोटा चम्मच रेड चिली फ्लेक्स

१ बड़ा चम्मच काटी हुई ताजा पार्स्ली

- चावल के गर्म रहते ही उसमें फ्रेंच ड्रेसिंग मिला दें फिर ठंडा होने दें।
- चावल में रेडिश, शिमला मिर्च, लीक, ककड़ी, गाजर तथा पिकल्ड घेरकिन मिला लें।
- फिर इसमें नमक, नींबू का रस और रेड चिली फ्लेक्स डालकर अच्छी तरह मिला लें।
- अब मिश्रण को एक चपटी प्लेट में रखकर ताजा पार्स्ली से सजा दें तथा तुरन्त खाने को दें।

फ्रेंच ड्रेसिंग

६ बड़े चम्मच जैतून का तेल

$^{1}/_{4}$ छोटा चम्मच पापरिका

$^{1}/_{4}$ छोटा चम्मच नमक

$^{1}/_{4}$ छोटा चम्मच राई पाउडर

१ छोटा चम्मच चीनी

२ बड़े चम्मच सिरका या नींबू का रस

१ लहसुन की कली

- एक बाउल में एक बड़ा चम्मच जैतून का तेल, पापरिका, नमक, राई पाउडर, चीनी तथा एक बड़ा चम्मच सिरका या नींबू का रस डालकर मिलायें।
- मिश्रण को तार की मथनी से अच्छी तरह फेंटकर चिकना और एकसार कर लें। दो बड़े चम्मच जैतून का तेल डालकर फिर से फेंट लें।
- एक और बड़ा चम्मच सिरका या नींबू का रस और तीन बड़े चम्मच जैतून का तेल तथा लहसुन डालकर अच्छी तरह मिला लें।
- इस तरह तैयार ड्रेसिंग को एक मर्तबान में भरकर ठंडी जगह पर रख दें। छः या सात दिनों बाद लहसुन को निकाल लें।
- इस्तेमाल से पहले ड्रेसिंग को अच्छी तरह हिलाकर मिला लें। इस सामग्री से लगभग आधा कप ड्रेसिंग बनेगा।

क्विक फ्रेंच ड्रेसिंग

१/२ कप जैतून का तेल
१ १/२ बड़े चम्मच सिरका
१ छोटा चम्मच राई पाउडर
१/२ छोटा चम्मच ताजी कूटी हुई काली मिर्च
नमक स्वादानुसार

- सारी सामग्री को एक काँच के मर्तबान में एकत्रित कर लें तथा ढक्कन कसकर बन्द करें। सारी सामग्री को आपस में मिलाने के लिये मर्तबान को अच्छी तरह हिलायें।

विनाग्रेट

१/२ कप जैतून का तेल
२ बड़े चम्मच सिरका
१ छोटा चम्मच मस्टर्ड पेस्ट
६-८ काली मिर्च के दाने, कूटे हुए
नमक स्वादानुसार

- सारी सामग्री एक काँच के मर्तबान में एकत्रित कर कसकर ढक्कन लगायें तथा सारे पदार्थों को आपस में मिलाने के लिये मर्तबान को अच्छी तरह हिला लें।

थाउज़ण्ड आयलेंड ड्रेसिंग

$^{3}/_{4}$ कप मेयोनीज़ (पृष्ठ क्र. १०२)
१ बड़ा चम्मच टमाटर केचअप
१ छोटा चम्मच टबेस्को सॉस
३-४ हरे जैतून, गुठली निकाल कर, काटे हुए
२-३ पिकल्ड अनियन, कटे हुए
२ पिकल्ड घेरकिन, कटी हुई

- एक बाउल में मेयोनीज़, टमाटर केचअप और टबेस्को सॉस एक साथ मिला लें।
- फिर उसमें जैतून, पिकल्ड अनियन और पिकल्ड घेरकिन डालकर अच्छी तरह मिला लें।

थाई रेड करी पेस्ट

८ सूखी लाल मिर्च
४ इंच लेमन ग्रास का डंठल
४ छोटे चम्मच धनिया
२ छोटे चम्मच जीरा
६ काली मिर्च
२ मध्यम आकार के प्याज, कटे हुए
४ लहसुन की कलियाँ, कटी हुई
नमक स्वादानुसार

- सूखी लाल मिर्च, लेमन ग्रास, धनिया, जीरा, काली मिर्च, प्याज, लहसुन और नमक में थोड़ा सा पानी मिलाकर पीस लें।
- इस पेस्ट को रेफ्रिजरेटर में रखें। आठ से दस दिन तक इसका उपयोग किया जा सकता है।

मेयोनीज़

१ अंडे की जरदी

नमक स्वादानुसार

¼ छोटा चम्मच सफेद मिर्च पाउडर

¼ छोटा चम्मच फ्रेंच मस्टर्ड

¼ छोटा चम्मच चीनी

१ छोटा चम्मच सिरका

१ कप तेल

१ छोटा चम्मच नींबू का रस

- एक साफ बाउल में अंडे की जरदी, नमक, सफेद मिर्च पाउडर, फ्रेंच मस्टर्ड, चीनी और सिरका डालें तथा मथनी से अच्छी तरह फेंट लें या ब्लेंडर में डालकर अच्छी तरह पीस लें।
- फेंटते समय थोड़ा-थोड़ा तेल मिश्रण में डालते जायें। तब तक फेटते रहें जब तक सारा तेल मिश्रण में अच्छी तरह से मिल न जाये।
- नींबू का रस डालें तथा स्वाद चखकर अपनी पसंद के अनुसार कर लें।
- हवाबंद मर्तबान में बंद करके रेफ्रिजरेटर में रख दें।

अनुक्रमणिका

मांसाहारी सलाद

ड्रेसिंग